Bibliografische Information der Deutschen Nationalbibliothek

Die Deutsche Nationalbibliothek verzeichnet diese Publikation in der Deutschen Nationalbibliografie; detaillierte bibliografische Daten sind im Internet über http://dnb.d-nb.de abrufbar.

Herstellung und Verlag:
Books on Demand, Norderstedt

ISBN-13: 9783837064056

Zielobjekt: FRAU. So lautet zwar der Titel des Buches, aber der Titel dient lediglich als sogenannte „*Headline*" und ist in keiner Form abwertend zu verstehen.

(*Die sogenannte Headline dient dazu, die Aufmerksamkeit eines flüchtig und selektiv lesenden Betrachters zu erzielen.*

Mit dem Titel: „*Piep, Piep, Piep. Wir haben uns alle lieb* verkauft man kein Buch...
... und das finde ich doof.

Aber jetzt zum wesentlichen Auftrag dieses Werkes.
Wer seine Traumfrau fürs Leben kennenlernen möchte, umwirbt sie am besten mit frisch gewaschenen Haaren und ohne rausgewachsene *Nasenhaare*

Lieber Lesefreund,
Der zweite Satz des Buchtitels ist entscheidend.

„*So lernst du deine Traumfrau kennen*"

Auf den kommenden 56 Seiten werde ich dir erklären, warum das bei einigen Männern klappt und bei anderen wiederum nicht.

Ich werde dir einen Spiegel vor dein Gesicht halten, damit du lernst dein Balzverhalten einzuschätzen und nicht an deiner Selbstüberschätzung scheiterst.
In der Tat. Es gibt Zeitgenossen, die sehen aus wie vom Mond geflüchtet. Sie finden sich aber *megaoberirdischgeil*.
Ich habe einen Bekannten. Er ist 38 Jahre alt und wohnt noch im Hotel „Mama". Er denkt, er sei der coolste „Stecher" *in the Town.*

Ist er aber nicht.

Das ist nicht nur meine eingeschränkte Meinung. **Er** hat es mir erzählt.
Der Mann wiegt 167,5 Kilo bei 163 cm Körpergröße.
Die Wahrscheinlichkeit, mit dieser Optik ein Topmodell kennenzulernen, liegt im Promillebereich. Natürlich geht es im Leben nicht immer nur um Äußerlichkeiten. Aber sein wir doch mal ehrlich. Wo guckst du bei einer Frau zuerst hin?
In Ihr liebliches Herz oder auf die Titten.

Wenn du nicht gerade schwul oder bescheuert bist, wirst du ihr auf die Möpse oder sonst wo hingucken.

Und Frauen ticken in ihrer Sichtweise nicht unbedingt anders als wir Männer.

Wenn du 167,5 Kilo wiegst und nur 163 cm groß (klein) bist, wird das Eis schon ein bisschen dünner, im Bezug auf Damenwahl.

Wenn du das anders siehst, dann leidest du unter einer häufig vorkommenden Störung der Selbstwahrnehmung.

Auch *Selbstüberschätzung* genannt.

Wer Scheiße aussieht, sieht nun mal Scheiße aus. „Shit happend". Nenne es Schicksal, Relativitätstheorie oder eine Laune der Natur.
Das mit der Größe ist übrigens nicht das Hauptproblem. Es ist ehrlich gesagt, gar kein Problem. Aber das Gewicht im Verhältnis zur Größe ist ein Problem. Die Proportionen müssen stimmen. Darauf achten wir bei der Frau schließlich auch.

4

Natürlich liegt die jeweilige Optik immer im Auge des Betrachters.
Aber aus Karl Dall, kann nun mal kein Brad Pitt werden.
Ist auch egal. Karl Dall ist witzig und kompensiert damit, sagen wir mal, seine nicht optimale Optik.
Denn darauf kommt es an. Besinne dich auf deine Stärken.
Du wirst auf den nächsten Seiten, auch ein paar ehrliche Sätze weit unter der Gürtellinie lesen.
Aber diese Sätze gehören auch in eine gesunde Beziehung. Sie sind nicht abwertend zu verstehen, sondern bringen nur ein bisschen Porno in die Liebe.
Du kaufst dir schließlich auch nicht jeden Tag einen *Burger* bei *Heidi Klum*.
Abwechslung gehört in jede Beziehung. Aber soweit sind wir noch nicht. Wir stehen am Anfang.
Das mit der Liebe ist übrigens sehr spannend, denn es gibt wirklich nichts schöneres als sich zu verlieben. Du hast heute die Chance, dieses Abenteuer zu erleben. Du kannst das Spiel jederzeit starten.
Im Gegensatz zu anderen Flirtratgebern, können dich die kommenden 50 Seiten ans

Ziel. *Du liest den schnellsten Flirtratgeber der Welt.* Du möchtest ja schließlich kein Studium in dieser Fachrichtung absolvieren, sondern sofort mit dem Spiel der Jagd beginnen.

Ich rede nicht lange drum herum und schreibe keinen tiefgreifenden psychologischen Literaturroman zum Thema: *Erfolgreich flirten.*

Ich möchte nämlich das Du das Spiel sofort starten kannst und nicht die nächsten 3 Jahre, in einem Ratgeber für Liebesangelegenheiten rumblättern musst.

Mein Buch ist der Führerschein, den du in wenigen Stunden bestehen kannst. Abgesehen von den eventuellen optischen Veränderungen. Eine kleine Toleranzgrenze hinsichtlich des Zeitfensters solltest du in jedem Fall einplanen.

Aber wenn du meine Ratschläge umsetzt, dann bist du in spätestens einer Woche *topfit* für die Jagd.

Das Spiel kann beginnen.

Es gibt so viele Bücher, die sich mit dem Thema *Flirten* beschäftigen.

Alle diese Bücher versuchen dir Tipps zugeben, um eine attraktive Frau kennenzulernen.

Alles Müll! Vergiss diese pädagogischen Hilfsmittel der Literatur.

Über eines musst du dir von Anfang an im klaren sein.

Du wirst in 99% der Fälle und jeder Wahrscheinlichkeit zum Trotz, die Frau zuerst ansprechen müssen! Auch im Zeitalter der Emanzipation. Soweit ist die Evolutionsgeschichte leider noch nicht fortgeschritten.

Die erste Kontaktaufnahme nimmt dir niemand ab. Du möchtest schließlich deine Traumfrau kennenlernen. Sie weiß es aber noch nicht.

Ich helfe dir locker zubleiben und vorbereitet zu sein.

Eine Frau will erobert werden und du bist der Eroberer.

Es ist scheißegal, ob du vor dem Date schlaue Ratgeber gelesen hast oder nicht. Ob du vor dem Spiegel übst, dir die Worte zurechtlegst oder anderen Schwachsinn verzapfst.

Glaube mir, wenn du vor der Frau stehst, dann ist Premiere. Dann öffnet sich der Vorhang. Dann bist nur noch du am Zuge. Dann bist du ganz allein. Du musst reden - du musst das Eis brechen.

Die ersten Sekunden entscheiden über Erfolg oder Niederlage. Symphatie oder Brechreiz.

Solltest du den Eindruck haben, das ich hier nur über Schönheitsideale schreibe, die uns von der Modeindustrie mit den Maßen 90-60-90 und von den Topmodells vorgegeben werden, dann hast du mich richtig verstanden. Genau darüber schreibe ich.

Du willst schließlich keine *Öko* Muschis jagen.

Ich habe dieses Buch für Männer geschrieben und nicht für irgendwelche unterbelichteten Typen, die keine abkriegen und aus Solidarität alles nehmen, nur um auch mal einen Stich zulanden.

Ich möchte das du dir über eines im klaren bist.

Wenn du wie mein Bekannter aussiehst, du weißt schon, der mit den 167,5 Kilo Lebendgewicht - dann solltest du etwas ändern.

Auf so eine Nummer werden 99% aller weiblichen Geschöpfe noch nicht mal ansatzweise feucht im zwischen den Ohren.
Ich schreibe so, wie richtige Männer hin und wieder denken.
Das Leben ist manchmal auch ein bisschen Hardcore.

Eine Frau muss dir während der Autofahrt zu den Schwiegereltern, auch mal den *Lolli* abnehmen den *Stil* im Mund behalten, wenn es soweit ist.
Das reine Protein soll schließlich nicht an deiner Kleidung kleben, wenn du deinen Schwiegereltern gegenüberstehst.

Von wegen Flecken und so, die bei der 90 Grad Wäsche nur schwer zu entfernen sind.

Das ist jetzt nicht ordinär. Zugegeben, es klingt ein bisschen billig. Aber wie war es denn in deiner Jugend, als du dir heimlich unter der Bettdecke einen geklöppelt hast. Was waren denn das für Fantasien.

Lebe es aus. Lebe einfach. Sex gehört zum Leben dazu. Und das in fast allen Lebenslagen. Natürlich nur wenn beide es wollen.

Also, immer schön tolerant bleiben und nicht vergessen, es ist toll wenn man eine Frau hat, die während der Autofahrt auch mal die Initiative ergreift: *Wow, supertolle Nummer.*

Da darf *Mann* auch zwischendurch mal etwas nettes zurückgeben. Eine kleine symbolische Geste.

Bitte keine Blumen. Es darf gerne etwas mehr funkeln.

Ich werde im Verlauf des Buches immer mal wieder auf typische Momente in der Partnerschaft eingehen.

Jetzt komme ich aber noch einmal zu einem wichtigen Punkt zurück.

Du wirst in 99% der Fälle und aller Wahrscheinlichkeiten zum Trotz, die Frau zuerst ansprechen müssen! Auch im Zeitalter der Emanzipation.

Die Flirtratgeber, die dir sagen, wie du es machen sollst, sind das Papier nicht wert auf dem sie gedruckt sind.

Du kannst keine Anmachsprüche auswendig lernen. Zum Beispiel: « Hast du mal Feuer ? «. Dieser Spruch war gestern.

Jeder Mann ist anders. Du bist individuel. Du musst selbst herausfinden, wie deine Art bei Frauen ankommt. Es gibt die Gattung mit lockeren Sprüchen und ganz viel Charme.
Aber es gibt auch die Spezies, denen die Sprüche fehlen und das Wort *Charme* zu buchstabieren fällt ihnen ebenfalls schwer.
Es ist von Typ zu Typ unterschiedlich, wie locker jemand Konversation betreiben kann. Oder auch nicht.
Das kann dir kein Buch beibringen. Wenn du nicht ein wenig Talent mitbringst, dann ist es ein langer Prozess, eh´ du am Ziel ankommst.

Draußen in der Prärie gewinnt nur der Stärkste und die Jagd im Rudel ist meist aussichtslos.
Denn auch hier wird sich das Weibchen für den Symphatischen im Rudel entscheiden.
Du musst also deine Schwächen bei der Jagd komprimieren. Du musst deine Stär-

ken hervorheben. Du musst dich verkaufen. So wie ein Popstar.

Wenn dir zum Beispiel der Mut fehlt, eine Frau anzusprechen, dann versuche es erst gar nicht.

Es könnte peinlich werden. Natürlich gibt es Frauen die finden kleine Schwächen beim männlichen Geschlecht süß. Dazu gehört vielleicht auch manchmal eine stotternde *Anmache*. Aber mal ehrlich.

Möchtest du süß sein und wie ein Teddy auf den Arm.

Du bist der Reißer. Der Führer im Rudel.

Wenn dir der Mut fehlt, eine Frau anzusprechen, dann versuche es erst gar nicht.

Das ist natürlich Quatsch. Wenn du nämlich so durch das Leben gehst, wird nie etwas laufen.

Aber ich möchte dir vor Augen halten, dass du irgendwann den ersten Schritt gehen musst. Sei dir dessen immer bewusst. Das ist Fakt und es trifft auf fast alle Lebenslagen zu. Dein Chef wird dir freiwillig nie eine Gehaltserhöhung geben. Außer einem lächerlichen Inflationsausgleich. Und das ist schon Glück.

Wenn du mehr willst, dann musst du die Initiative ergreifen. In jeder Lebenslage. Auch beim Ansprechen des anderen Geschlechts. Oder des selben Geschlechts.
Für unsere homosexuellen Freunde. Gleiches Recht für alle.

Wenn dir der Mut fehlt, eine Frau anzusprechen, dann schreibe Ihr einen Brief oder schicke Ihr ein paar Blumen.
Das ist nicht altmodisch. Das hat immer noch Stil.
Du musst herausbekommen, wo die Frau deiner Träume wohnt oder arbeitet.
Dabei ist es übrigens völlig egal, ob die Frau einen Partner hat oder nicht.

Wenn Sie kein Interesse an einem Date mit dir hat, weil sie ein treuer Mensch ist und ihren Partner liebt, dann wird Sie es dir schon zu verstehen geben.
Wenn Sie sich auf ein Date einlässt: „Bingo"
Das ist das Gesetz der Prärie. Die Regel in der Savanne. Das sind die einzigen Spielregeln, die es zu beachten gilt. Nicht unbedingt fair. Aber das Leben ist nicht fair.
Du willst schließlich der Sieger sein. Oder?

Zurück zum Ausgangspunkt. Du musst deine Schwächen bei der Jagd komprimieren.

Schicke der Frau die Du begehrst, ein paar Blumen.

Gehe einfach zu einem Blumengeschäft und lasse die Blumen durch den Händler an die Frau liefern.

Damit bist du immer auf der sicheren Seite. Du verlierst im Zweifelsfall nicht dein Gesicht.

Lasse mit den Blumen einen Brief übergeben, den du natürlich vorab schreiben musst.

Auch hier lässt du dir eine Hintertüre offen.

Den Brief schreibst du folgendermaßen.

Ob in *Du* oder *Sie* Form musst du entscheiden. Ich gebe mal die *Du* Form und ein Beispiel vor.

Diese Blumen sind für die Frau mit den schönsten Augen und mit der sinnlichsten Ausstrahlung der Welt.
Ich würde dich gerne zum Essen einladen.

Jetzt kommt der *Hintertür* Trick.

Du bringst die Frau dazu, das Sie aktiv werden muss. So erfährst du, ob Sie den Menschen hinter dem Blumengruß kennenlernen möchte.
Eine glücklich verheiratete Frau würde sich eigentlich nicht melden. Sie würde sich bestenfalls aus Anstand kurz bedanken.
Aber eine unglückliche - oder eine Single Frau meldet sich auf jeden Fall.

Weiter mit dem Brief und dem *Hintertür Trick*.

Wenn du kein Interesse hast, brauchst du dich natürlich nicht für die Blumen bedanken.
Erfreue dich einfach daran.

Ich wünsche dir weiterhin einen schönen Tag.

Liebe Grüße von...

(Dein Name und Telefonnummer)

Selbst wenn du der schüchternste Mensch auf dieser Welt bist, sollte so eine kleine Blumenaktion kein Problem sein.

Du bist immer noch in der Deckung und auf der sicheren Seite.

Die Nummer mit den Blumen ist übrigens eine von mir mehrfach getestete Form der ersten Kontaktaufnahme.

Keine der Frauen, die ich anschließend kennengelernt habe, fand diese Aktion albern. Im Gegenteil. Das ist im Regelfall eine *Muschiöffner*.

Wenn Sie dich anruft, um sich bei dir zu bedanken und um die Einladung zum Essen anzunehmen, dann ist Generalprobe angesagt. Das heißt:

Wenn du jetzt stotterst, die Worte nicht findest und total Amok läufst, dann war's das. Aus! Vorbei! Finito!

Die Frau kann schließlich nicht in dein gutes Herz sehen. Nicht deinen Kontostand erahnen und auch nicht deinen Sportwagen oder dein verrostetes Fahrrad testen.

Über deine Stimme und die Art wie du sprichst, springt bei ihr das Kopfkino an und Sie stellt sich den Menschen am anderen Ende der Leitung vor.

Du hast also nur diesen einen Schuss und darauf musst du vorbereitet sein.

Kein Ratgeber der Welt kann dich vor dieser Situation schützen oder dich darauf vorbereiten.

Es ist nun mal Fakt:

Irgendwann muss jeder Jäger, auch der Schüchternste, seine Deckung verlassen. Aber **du** solltest darauf vorbereitet sein. Es hat nämlich keinen Zweck, wenn du deine Deckung als *Buschmann* verlässt. Also, völlig unterbelichtet. Wenn du verstehst was ich meine.

Du musst zunächst die Voraussetzungen für die Jagd schaffen. Denn das Spiel hat begonnen. Und weil du keine fetten Schweine, sondern grazile Antilopen jagen möchtest, solltest du bei dir anfangen.

Reflektiere dich. Natürlich ist es schwer, sich einzugestehen, das man nicht unbedingt attraktiv aussieht. Wenn es denn auf dich zutrifft. Es liegt manchmal an vielen kleinen Dingen. Unpassendes Brillengestell, schlapper Shirt, ausgetretene Schuhe mit Gummisohle.

Es gibt so viele Dinge, die auf dein gegen-über, sagen wir mal, unsympathisch und unattraktiv wirken könnten.
Ich kenne dich nicht. Darum solltest du einen guten Freund fragen oder einen Menschen dem Du vertraust.

> Wie wirke ich auf dich? >

Die Wahrheit tut manchmal weh und kann auch verletzend sein. Aber du musst jemanden fragen. Das ist wichtig.
Aber noch viel wichtiger ist die Tatsache, das du eventuelle Ratschläge von Freunden oder Stylingexperten auch annehmen musst.

Ich hatte mal einen Bekannten, der lebte in den 80´ Jahren, obwohl wir uns bereits im neuen Jahrtausend befinden.
Er war im Geiste komplett in dieser Zeit stehengeblieben. Nicht nur von der Klamotte, sondern auch von seinem Denken.
Klamottentechnisch hätte er fast schon wieder in der Champions League mitspielen können, sooft wie sich die Trends wiederholen.
Aber er hatte immer noch die Nummer mit „Vokuhila" drauf. Vorne kurz, hinten lang.

Die absolute Trendfrisur der 80`. Und das ist im neuen Jahrtausend ein absolutes *No Go*. Geht gar nicht.

Er trauerte immer noch dem ersten Kuss hinterher. Dazwischen lief 20 Jahre nichts. Außer *Handball unter der Decke*.

Der Typ war der Hammer. Dem fehlte die komplette Sozialkompetenz und noch ein bisschen mehr.

Der war nach so vielen Jahren der Isolation gar nicht mehr fähig, eine Frau kennenzulernen. Eine Frau zu berühren. Eine soziale Bindung aufzubauen.

Eines Tages hat er aber tatsächlich eine Frau kennengelernt. Besser gesagt, Sie hat ihn kennengelernt.

Er war im Laufe der Zeit zu Blöd geworden, um etwas zu reißen

Die Frau sah natürlich auch dementsprechend aus.

Soll heißen: Ich spare mir etwaige Vergleiche aus dem Tierreich.

Aber es war die Abteilung. Zu jedem Topf passt ein Deckel. Ob er mir nun gefällt oder nicht.

Sie war irgendein Wesen, das kein anderer Jäger haben wollte.
Sie folgte lediglich dem Fortpflanzungstrieb des weiblichen Herdentieres.
Ihr blieb letztendlich nur das ausgemusterte Ersatzteil im Rudel. Und das war mein Bekannter. Klingt böse. Ist aber so.

Er hatte immer von einer schlanken, dunkelhaarigen Frau geträumt. Das hat er mir mal in einer *sentimentalen* Stunde erzählt.

Jetzt hatte er das Gegenteil von dunkelhaarig und schlank. *Grunz*

Aber was soll's. Er ist das letzte Fossil der 80´. Er hat nicht gecheckt, das *Mutter Erde* sich weitergedreht hat. Aber er kann nichts verlangen. Er hat schließlich auch nichts getan.
Stillstand ist Rückschritt. Nicht nur im Geschäftsleben, auch in den Gedanken der Menschen. Und natürlich in deinem Styling.
Erinnerungen gehören zu Deinem Leben. Sie haben das aus dir gemacht, was du heute bist. Halte deine Erinnerungen fest.

Aber du darfst nicht in den Erinnerungen leben.

Die Zukunft liegt vor dir. Greife zu und nehme dir dein Stück.

Um noch mal auf das Thema *Styling* zurückzukommen. Es gibt sehr gute Friseure, die dich professionell zu dem Thema beraten. Du kannst dir natürlich auch einen Stylingberater mieten. Kostet aber.

Du solltest übrigens nicht in *Uschis Frisierstübchen* gehen, sondern dir lieber in irgendeiner Großstadt einen trendigen Friseur suchen.

Du musst loslassen können. Das ist auf jeden Fall wichtig.

Veränderungen fallen natürlich nicht immer leicht. Jeder Mensch hat irgendwie seinen Stil. Das ist auch gut so. Aber du musst dir immer die Frage stellen.

> Wie wirkt mein Stil auf andere? >

Im Prinzip *scheißegal*, wenn du keine Probleme mit dir hast. Aber du willst schließlich jemanden kennenlernen und das ist nicht *scheißegal*. Du musst dich auch mal selbst reflektieren.

Natürlich sollst du dich nicht komplett verbiegen.

Das wäre auch der falsche Weg. Schließlich musst du dich in allen Lebenslagen wohlfühlen, in deiner Haut.

Ein bisschen *Tuning* und *Zeitgeist* ist aber nie verkehrt.

Verlasse die eingefahrenen Wege und mache dich bereit. Bereit für das große Spiel der Liebe. Sei bereit für die Jagd.

Ich werde dir dabei helfen. Voraussetzung ist aber, das du es wirklich willst. Das Du wirklich eine Frau kennenlernen möchtest.

Kein noch so guter Freund. Kein noch so gutes Buch, kann dir den entscheidenden Schritt abnehmen. **Du** musst den Weg gehen.

Du musst etwas unternehmen und verändern. **Du** musst aktiv werden.

Ich kann dich gut verstehen. Es gibt viele gute Tipps. Von Freunden. Von den Eltern.

Alles Bla, Bla, Bla… wenn **Mann** sich nicht traut, **Sie** anzusprechen.

Ich verstehe dich, es ist nicht einfach. Mir sind auch schon *Flops* passiert.

Ich habe mal eine Frau in der Parfümerieabteilung eines großen Kaufhauses gesehen. Sie hat dort gearbeitet. Für irgendeine Promotionaktion. Ist auch egal.

Sie sah wirklich toll aus. War total mein Typ. Aber ich habe Sie nicht angesprochen. Ich habe mich nicht getraut. Ehrlich. Voll blöd.

Als ich damals darüber nachdacht hatte und Sie am nächsten Tag ansprechen wollte,
Hatte ich mir in meinen nächtlichen Träumen fest vorgenommen
war Sie nicht mehr da. Denn am nächsten Tag war die Promotionaktion beendet und Sie war weg. Das war´s.

Natürlich war das in dem Moment nicht überlebenswichtig. Aber...
Stelle dir vor, du würdest in der freien Steppe der afrikanischen Savanne leben. Eine Frau anzusprechen wäre dort im übertragenen Sinne lebensnotwendig. So wie die Jagd nach Beute.
Das ist gegenüber dem weiblichen Geschlecht nicht abwertend gemeint.

Es ist lediglich ein Beispiel dafür, das du in der Steppe manchmal nur einen Versuch hast.

Wenn du nie etwas fängst, dann ist das so, als wenn Du nie eine Frau ansprechen würdest.

Stelle dir mal das mal vor. Du würdest verhungern. In unserem Fall, würdest vielleicht du nie Sex haben.

Es ist die Jagd. Es ist das Spiel. Lerne zu überleben und setzte dich gegen andere Rivalen durch.

Ich kann dir helfen, das Spiel zu verstehen und deine Schwächen zu kompensieren.
Aber du musst es wollen, sonst hat das alles keinen Sinn.

Stelle dir vor, du stehst im Supermarkt an der Kasse. Vor dir siehst du eine Jeans, die den geilsten Hintern der Welt in sich trägt. Als dieser Hintern sich kurz umdreht, siehst du ein wunderschönes Gesicht, das zu dieser Sahnefigur gehört. Du hast jetzt genau zwei Möglichkeiten.
Entweder sprichst du die Frau unter einem Vorwand an, ihr kommt ins Gespräch und

so weiter und so weiter - oder du sprichst Sie nicht an.

Im letzteren Fall wirst du dich im Alter von 94 Jahren im Altenheim ärgern, das du nie die Möglichkeit genutzt hast, ihr die Katze zu streicheln. *That's Life*. Darum geht es.

Wenn du nur eine Frau zum Kochen und Wäsche waschen suchst, kannst du wieder bei Mutti einziehen.

Wenn die Basis der Liebe stimmt, regelt sich das mit dem Kochen und der Wäsche so und so von alleine.

Wir leben schließlich nicht mehr im Mittelalter.

Eine Tatsache ist Fakt.

Wenn du eine Frau ansprichst, Sie dir aber nur ein müdes Lächeln schenkt und aus Höflichkeit einen Satz mit dir wechselt, dann merke den Anschlag. Überschätze dich nicht. Sie hat keine Lust mit dir zureden. Geschweige denn, sonst irgendetwas zu unternehmen. Mann kann nicht immer gewinnen.

Muss man auch nicht. Aber man darf nie aufgeben und muss es immer wieder probieren.

Selbstüberschätzung

Selbstüberschätzung ist ein Thema für sich. Ich habe in meinem Leben so viele bescheuerte Typen kennengelernt, die alle an Selbstüberschätzung litten.
Viele Psychologen gehen davon aus, dass die meisten Menschen ein Bedürfnis nach einer "positiven Selbsteinschätzung", und nach "einem positiven Selbstwertgefühl" besitzen.
Wir interpretieren die Welt so, dass unser Selbstwertgefühl geschützt wird oder kompensieren es mit materiellen Dingen.

Heutzutage zählt erstmal die Optik. Oder sagen wir mal, ein ansehnliches Gleichgewicht in allen materiellen Belangen.
Zuviel von allem kann natürlich auch nicht schaden, aber eine eigene Wohnung ist erst mal ein Anfang und allemal besser als ein Zelt. Die meisten Menschen überschätzen ihre eigenen Fähigkeiten. Wer glaubt nicht, besser Auto fahren zu können als die ande-

ren Verkehrsteilnehmer? Wie kommt es, dass wir uns so schlecht selbst einschätzen können, obwohl wir uns doch eigentlich am besten kennen sollten, oder?

Unsere Selbsteinschätzung basiert auf unseren Erfahrungen. Aus diesen Erfahrungen puzzeln wir das Bild zusammen, das wir von uns und unseren Fähigkeiten haben. Doch es gibt einen blinden Fleck in der Verarbeitung der Erlebnisse.

Wir haben nicht alle Informationen, die wir brauchen, um uns selbst richtig einschätzen zu können. Das ist so. Aber viel schlimmer ist die Tatsache, das wir uns darüber nicht im klaren sind.

Um sich selbst besser einzuschätzen, sollte man also auch die Dinge mit einbeziehen, die man nicht über sich weiß – doch wie soll das gehen?

Ganz einfach. Nutze andere Menschen als Informationsquelle über den eigenen „blinden Fleck". Sozusagen als Spiegel. Das klingt recht banal, doch es erklärt unsere Selbstüberschätzung.

Reflektiere dich. Im Verlauf des Buches wirst du immer wieder die selben Dinge lesen. Aber diese Dinge sind elementare Grundlagen.

Du musst Sie verinnerlichen. Du musst ehrlich zu dir sein. Versuche dich *objektiv* zu betrachten. Ich weiß, das ist nicht leicht. Du hast dich an dein Aussehen gewöhnt. An deinen Kleidungsstil. An die Art zusprechen.

Aber diese Dinge sind erstmal zweitrangig, wenn **du** nicht den ersten Schritt unternimmst, eine Frau anzusprechen.

Das ist die Basis. Sonst läuft nichts. Außer der Wahrscheinlichkeit, das **dich** eine Frau anspricht. Aber darauf solltest du nicht warten. Du musst aktiv werden.

Es gibt eine Vielzahl von Singlebörsen im Internet. Auch Kostenlose. Auf so einer Plattform kannst du natürlich vorab schon einmal das Jagdrevier austesten und feststellen wie du so *ankommst*.

Zugegeben. Die Internetnummer hat ein bisschen was von Katalogbestellung, aber in unserer heutigen Zeit ist das absolut legitim. Melde dich einfach mal bei einem Portal an, fülle das Kontakformular aus und stelle auf jeden Fall ein Foto von dir ins Netz.

Jetzt kannst du nach deinem *Frauentyp* suchen und deine *Traumfrau* kontaktieren. Anhand der Resonanz, also der Mails die von den Frauen zurückkommen, kannst du feststellen wie gefragt dein Typ ist.

Wenn das Feedback nicht gerade berauschend ist, solltest du zu dem Punkt *Selbstüberschätzung* zurückkehren und mit jemandem, dem du vertraust, über deine Optik sprechen.

Selbstüberschätzung ist an dieser Stelle natürlich das falsche Wort.

Was ich dir sagen möchte, ist die Tatsache, das dir jemand helfen muss dein Image und ggf. deinen Stil zu verbessern.

Das ist übrigens überhaupt nicht peinlich und auch keineswegs unüblich.

Sämtliche *Stars* aus der Musik- und Filmbranche haben *Imageberater*. In der Szene ist das völlig normal.

Niemand wird als *Frauenschwarm* geboren. Es sind die *Imageberater* und *Marketingstrategen*, die den *Star* in eine bestimmte Richtung aufbauen.

Wir sehen immer nur das fertige Bild von einem *Star*. Aber dahinter steckt Strategie. Mache dir dieses Wissen zunutze und lasse dich beraten.

Wie gesagt, es ist überhaupt nicht peinlich. Am besten fängst du beim nächsten Friseurbesuch damit an und fragst mal locker nach einer Typveränderung.

Schenke einer fremden Frau eine Blume

Wenn du eine Frau im Supermarkt siehst. Eine Frau die Dir gefällt. Dann nutze die Gunst der Stunde. Denke immer daran, du kannst nichts verlieren. Das einzige was Dir

passieren kann, ist der berühmte *Korb*.
Aber in 97% aller Fälle, wird jede Frau eine
Blumenaktion süß, höflich und schmeichel-
haft finden. Schenke einer fremden Frau
eine Blume. Du musst natürlich ein bisschen auf *Zack* sein. Nicht jeder Supermarkt
hat Blumen.

Jetzt sind coole Alternativen gefragt.
Ihren Einkauf an der Kasse zu bezahlen,
wäre vielleicht ein bisschen dekadent.
Aber für fortgeschrittene *Juppie* Millionäre
durchaus eine Alternative.

Wir fangen aber erstmal ein bisschen *dezen-
ter* an. Soll heißen: Mit dem Inhalt des
Geldbeutels eines *Otto* Normalverbrau-
chers.

Jetzt bist du an der Front. Die Blumenaktion mit dem *Hintertür* Trick hatten wir
schon.

Aber nun kommt die Offensive. Ohne *Hintertür*.
Frauen mögen *Gummibärchen* (gibt es auch
ohne Fett) Frauen mögen *Schokolade* (auch wenn
Sie immer erzählen, Sie seinen zu dick)

Solange du keinem *Nilpferd* leckere Süßigkeiten überreichst, ist es auch keine Anspielung auf die weibliche Figur.

Also, besorge dir irgendetwas in dieser Richtung und eile zur Kasse. Zahle deinen Einkauf und bedenke: **Du** musst auf jeden Fall vor der Frau bezahlen.

Am Ausgang wartest du auf Sie und sprichst Sie einfach mit einem netten Spruch an. Nicht *plump* oder aufdringlich. Sei ganz natürlich. Ich kann dir keinen passenden Spruch vorsagen. Nicht weil ich keinen Spruch auf Lager hätte.

Aber den Satz: > ich würde gerne mal mit dir essen gehen >, kann man *plump* oder aufdringlich sagen.

Ich habe dir bereits geschrieben, das jeder Mann individuell ist. Darum solltest du an dieser Stelle des Buches, eigentlich schon ein paar Dinge gelernt haben.

Vorgegebene Anmachsprüche klingen immer aufgesagt und unnatürlich.

Du musst deine eigene Art und deinen eigenen Stil in den *Anmachspruch* integrieren. Wenn du das schaffst, hast du die Kür bestanden.

„Quickie" Checkliste", vor dem ersten Date

Haare gewaschen?
Geduscht?
Rasiert?
Zähne geputzt?
Kleidung sauber?
Parfüm?
Geld dabei?
Tisch im Restaurant reserviert?
Wohnung aufgeräumt? (Man weiß nie was kommt)
Auto sauber?
Kaugummi? (Für immer frischen Atem)

Das erste Date

Gehe bitte nicht beim ersten Date ins Kino. Die *Fummelnummer* in der letzten Reihe kannst du später einschieben. Beim ersten Date muss genug Freiraum für Gespräche bleiben. Vielleicht ist *Essen* gehen ein bisschen *altbacken*, aber in einem schönen Ambiente hat es Stil.

Gehe nicht in das nächste *Steakhouse* oder zum Italiener um die Ecke. Da war *Frau* auch schon vorher essen. Biete Ihr etwas besonderes, zeige ihr das Du Stil hast und anders bist als andere Männer.

Lade Sie in ein Sterne- oder Gourmetrestaurant ein. Organisiere vorab ein paar Blumen, die im Restaurant bereits auf dem Tisch stehen wenn ihr reinkommt.

(Gute Restaurants sind darauf vorbereitet und haben Routine darin, so etwas zu organisieren)

Das hat Stil. Das bringt die *Bigpoints*.

Während des Essens kannst du Sie fragen, ob sie Lust hat, anschließend noch etwas mit dir trinken zugehen.

Überlasse immer Ihr die Entscheidung. Das macht dich interessanter. Ehrlich. Die Frau denkt dann nämlich, **er** findet mich wohl attraktiv, ist aber nicht nur auf die eine Sache aus. Das ist dezente Angriffsstrategie.

Wenn Sie Lust hat weiterzuziehen, dann solltest du einen coolen Club oder eine tolle Cocktailbar kennen.

Wenn Sie keine Lust hat weiterzuziehen, sei nicht enttäuscht. Die Tatsache, dass Sie mit dir essen war, beweist ihr Interesse. Gebe Ihr zum Abschied einfach Deine Telefonnummer und sage, dass Du gerne wieder einmal mit ihr essen gehen würdest.

Sie wird dich anrufen. Die Wahrscheinlichkeit liegt bei 99,7 %. Die verbleibenden 0,3 % bleiben leider Risiko. Schwund ist überall.

Frauen denken logischer als wir Männer. Sie denken globaler. Aber wenn Sie sich erstmal entschieden haben, dann sind Sie bereit.

Bei uns Männern ist der Horizont ein bisschen begrenzter.

Wir denken eher *S...gesteuert*. Natürlich nur im weitesten Sinne. Wir denken beim ersten Date meistens an den *ONS* One Night Stand.

Die Frau hingegen checkt in ihren Gehirnwindungen alle Beziehungsmöglichkeiten ab. Und das dauert manchmal ein bisschen länger. Das ist aber auch in Ordnung.

Denn wenn es bei ihr funkt, dann funkt es richtig. Und dann ist Sie auch bereit für mehr.

Die Nummer mit dem Kaffee bei ihr, ergibt sich übrigens von ganz alleine. Also bitte keine Panik wenn beim ersten Date nichts läuft.

Muss auch nicht sein. Vorfreude ist bekanntlich die größte Freude.

Wenn es während des Essens bei **dir** gefunkt hat, genieße das Gefühl auf ihren Anruf zuwarten. Sei stark. Auch wenn Du am liebsten sofort mit ihr zusammen sein möchtest und wenn dir die Minuten des Wartens wie eine Ewigkeit vorkommen.

Es ist trotzdem ein tolles Gefühl.

Respekt

Wenn eine Frau *Nein* sagt, dann meint Sie auch *Nein*. Versuche nicht Sie voll zutexten und etwas herbei zureden, was keinen Sinn macht. Du wirst nie die Liebe einer Frau herbeireden können.

Wirklich *NIE!* . Merke dir das.

Im Gegenteil. Wenn sich eine Frau durch dich genervt fühlt, dann schaltet Sie komplett ab. Sie wird Gefühlskalt und du machst mit penetranter *Nerverei* mehr kaputt, als du gewinnen kannst. Akzeptiere ein *Nein*.

Auch wenn es in dem Moment schwerfällt. Akzeptiere Sie als Freund. Als Kumpel. Aber nur wenn du es gefühlsmäßig verantworten kannst. Ist schwer. Ich weiß es. Aber halte dich daran.

Bedenke! Jede Frau hat auch ein oder zwei gute Freundinnen. Die nächste Party kommt bestimmt und wer weiß was da geht. Wenn du verstehst was ich meine.

Das Positive

Du erweiterst deinen Bekanntenkreis im oftmals tristen *Single* da sein. Coole Nummer. Alles was ich dir über das erste Date erzählt habe, trifft übrigens zu 100 % zu.

Es gibt natürlich sehr viele Varianten, zum Thema *erstes Date*

Ich habe auch Frauen kennengelernt, die antworteten auf meine Frage:

> Wollen wir nach dem Essen noch etwas trinken gehen? < mit dem Satz. > Wir können bei mir noch einen Kaffee trinken <.

Das sind natürlich *Freifahrtsscheine.*

Ähnlich wie der *junge Mann zum Mitreisen gesucht* auf dem Jahrmarkt. Die Jungs beim *Autoscooter* hatten den *Freifahrtchip* immer an einem Bündel roter Plastikrosen. Das waren *Muschiöffner.*

Ich möchte aber das Du deine Traumfrau kennenlernst, die nicht so tickt. Ich möchte das Du eine Frau kennen und verstehen lernst. Eine Frau die ihre Prinzipien hat. Die nicht sofort mit einem Mann in die Kiste springt. Das ist für den Moment zwar in Ordnung, aber nicht unbedingt von Bestand.

Natürlich gibt es Fälle, wo nach dem *One Night Stand*, die Liebe des Lebens draus geworden ist.

Aber seinen wir doch mal ehrlich. Du möchtest doch nicht der 59 Mann sein, der mit ihrer Katze schmust. Wie bereits geschrieben. Vorfreude ist die größte Freude. Das Verlangen. Das Feuer, das langsam entfacht.

Das ist Erotik. Das ist das Prickeln, dass du finden musst. Alles andere ist Beifang und wird zugegebenermaßen gerne mitgenommen.

Schließlich sind wir Männer. *Ces't la vie*

Setze alles daran, deine Persönlichkeit vorteilhaft zu zeigen und diese hervorzuheben. Wenn du dir eine bestimmte Frau wünscht oder vorstellst (z. B. mit besonderem Stil oder Aussehen) dann solltest du zuerst überprüfen, inwieweit **Sie** zu **deinem** *Stil/ Typ* passt.

Ausnahmen bestätigen zwar die Regel. Aber es bleiben nun mal Ausnahmen. Lese hierzu gerne noch mal das Thema:

Selbstüberschätzung

Mache dir zum Flirten, die vielen kleinen Alltagssituationen zunutze.

Gelegenheiten gibt es viele. Zum Beispiel: im Aufzug, in der Cafeteria, im Coffeeshop, der Kantine, im Fitnessstudio, im Restaurant und so weiter und so weiter. Betrachte das Flirten als Spiel. Lasse keine einzige Frau aus.

Hier kommen ein paar Flirttipps für tägliche Alltagssituationen:

Internet

Ich habe schon darüber geschrieben. Ein guter Ort zum Flirten sind Chatplattformen. Manchmal ist hier leider das Niveau ein bisschen flacher, weil die Hemmschwelle niedriger ist. Die meisten *User* verstecken sich schließlich hinter einem Pseudonym. Darum solltest **du** immer mit gutem Beispiel vorangehen und den Anstand wahren. Also, nicht gleich mit sexistischen Sprüchen auf das weibliche Geschlecht einhämmern.

Das törnt eh´ die wenigsten Frauen an. Am besten sind immer Chats, wo alle Teilnehmer über Profile mit Foto verfügen.

Das heißt: echte Singleplattformen, wo sich die Mitglieder anmelden müssen. So kann man fast sicher sein, das man nicht an jemanden gerät, der sich nur einen Spaß erlauben möchte. Oder noch schlimmer, ein *Fake* ist.

Viele Plattformen haben darum auch einen sogenannten *Fakecheck* eingeführt.

Das geht in Ordnung und ist auch richtig.

Flirttipp :

*Zuerst ist natürlich eine freundliche Begrü-
ßung angebracht. Reagiert die angeschrie-
bene darauf, kann ein netter Flirtspruch
nicht schaden. Je nach Profiltext, was der
andere sucht (One-Night-Stand, Flirt, Beziehung) sollte man seinen Spruch ein wenig daran anpassen.*

Disco

Ein Ort wo du sicher jede Menge Flirtpart-
ner kennenlernen kannst, ist eine Diskothek
oder ein Club. Wegen der Lautstärke sind
zunächst die Gesten der Grundstein des
Flirtens. Nette Blicke, aufreizendes Tanzen
und einfach mal durch die Haare fahren.
Kann cool aussehen. Muss aber nicht sein.

Auch in einer Diskothek oder in einem
Club gibt es sehr effektive Flirttipps.

Ist deine Traumfrau in Sicht? Dann nichts
wie ran. Wieder einmal sollte zuerst das
Interesse abgecheckt werden. Sonst könntest du vielleicht einen Korb riskieren. Im
Prinzip natürlich nicht schlimm, muss aber

nicht sein. Schau deine Traumfrau ganz offensichtlich an, so dass Sie es bemerkt. Blickt Sie zurück und signalisiert Interesse, dann steht einem prickelnden Abend eigentlich nichts mehr im Wege.

Cafe

Im einem Café sitzt am Nebentisch eine Frau, mit der Du unbedingt flirten möchtest? Dann mal los.

Wie bereits in der Diskothek praktiziert, solltest du erst einmal das Interesse abchekken. Blickkontakt, ein Lächeln, irgendein Signal das Interesse bekundet.

Wenn Sie reagiert? Gut!. Dann kannst du einen weiteren Schritt wagen.

Flirttipp :

Einfach rüberschlendern und fragen: Ich würde Sie/ dich gerne zu einer Tasse Kaffee einladen.

Körpersprache

Manche beherrschen die Körpersprache perfekt und für andere wird sie ein ewiges Rätsel bleiben. Ein Buch mit sieben Siegeln.

Wer die Kunst des Flirtens beherrscht, der ist sich dessen auch in den meisten Fällen bewusst. Das sind eben Erfahrungen, die das Leben mit sich bringt.

Wer schon vor dem eigentlichen Beutezug siegessicher und selbstbewusst an die Frau herangeht, der vermittelt dem weiblichen Geschlecht automatisch, dass Sie es mit einem *Leitwolf* zutun hat.

Das heißt natürlich noch lange nicht, dass die Frau auch von dir beeindruckt sein muss.

Obwohl es wichtig ist, einen selbstbewussten *Charme* an den Tag zulegen, um beim Flirten nicht den Eindruck eines *Looser* zu erwecken, ist Selbstbewusstsein natürlich nicht alles.

Neben einem selbstbewussten Auftreten, spielt das Aussehen und die Ausstrahlung in 99,9 % aller Fälle eine superwichtige Rolle.

Es kommt zwar manchmal vor, dass die Menschen sagen, es käme im Prinzip nur auf die inneren Werte an, doch kann sich niemand davon freimachen, dass er sich beim *ersten Check up* nur auf die inneren Werte beschränkt.

Ein gutes Selbstvertrauen kann einiges bewirken, doch sollte auch das Aussehen einigermaßen stimmen. Das bedeutet nicht, dass man *Mr.Perfect* sein muss. Aber einen gepflegten Eindruck sollte man immer machen. Gerade dann, wenn man auf Beutefang gehen möchte

Das wichtigste im Check up

Achte bitte immer konsequent auf dein Äußeres:

Lasse dich in Sachen *Styling* beraten und lege dir ggf. eine neue Frisur zu. Eine Frisur die zu dir passt.

Die Pflege der Haare ist superwichtig. Bitte niemals mit fettigen Haaren aus dem Haus gehen.

Aber das absolut Wichtigste überhaupt:

Beseitige hässliche Haare in den Augenbrauen, der Nase und den Ohren. Das ist nämlich ein absolutes *NoGo*.

Wenn du regelmäßig zum Friseur gehst, dann lasse dir die Augenbrauen zupfen. Das ist ein *Routinetuning* für die Profis.

Pflege immer deinen Bart, sofern du einen hast. Übrigens:

Ein Oberlippenbart, im Volksmund auch *Muschibürste* genannt, ist ebenfalls ein *NoGo*.

Achte auf deine Zähne. Die Farbe *gelb* ist nicht mehr zeitgemäß.

Zahndefekte an der Kauleiste sofort sanieren lassen.

Hygiene ist das A&O. Dein Körper sollte immer angenehm duften.

Benutze am besten immer Pfefferminz-Bonbons oder Kaugummi. Das garantiert einen frischen Atem.

Spare bitte nie an deinen Schuhen. Gepflegte Schuhe und schicke Socken sind ein *must have*. Schiefe Absätze sind ein *NoGo*.

Frauen haben ein Auge für diese Details.

Für den Fall, das Du ein paar Kilo zuviel auf den Rippen hast oder dein *Schwangerschafstsbauch* fortgeschritten ist -

Eine Reduzierung des Gewichts kann nicht schaden. Das tut immer gut. Auch aus gesundheitlicher Sichtweise.

Deine Wohnung solltest du immer in Ordnung halten. Sie muss etwas ausstrahlen.
Achte bitte immer auf Sauberkeit. Besonders im Bett, dem Bad und der Küche.
Gerade im Bad sollten keine Körperflüssigkeiten oder feste Gegenstände herumschwimmen. Wenn du weißt was ich meine.

Noch mal Respekt

Begegne bitte jeder Frau mit Achtung und Respekt. Jede Form von *Nein*, musst du akzeptieren. Überschreite nie die Grenzen!

Was ist eigentlich Flirten?

Tiefe Blicke, ein Lächeln, nette Worte oder ein bestimmtes Verhalten. Das kann Flirten sein.
Viele Männer, aber auch Frauen sind schüchtern und trauen sich aus Angst vor Ablehnung nicht, offen zu flirten.

Schüchternheit ist aber kein Grund, den Kopf in den Sand zu stecken. Dass ist nun wirklich der falsche Weg.

Irgendwann musst du raus in die Weiten der Savanne, um zu jagen.

Wenn du dir vorher überlegst, was du der Frau sagen möchtest, kann dich das natürlich sicherer machen. Aber es könnte auch wie auswendig gelernt rüberkommen. Ein roter Leitfaden im Kopf ist in Ordnung, aber bitte keine fertigen Theaterstücke inszenieren.

Im Zweifelsfalle solltest du immer ehrlich dazu stehen, dass Du ein wenig aufgeregt bist. Das kann das Eis brechen und kommt meistens auch gut bei *Frau* an. Aber es bleibt ein Restrisiko.

Kann auch *Loosermäßig* ankommen.

Wenn es mal nicht klappt

Wenn der Flirtversuch mal in die *Hose* gegangen ist und die Frau dir signalisiert hat, dass Sie kein Interesse hat. Egal!

Sei stolz auf dich! Immerhin hast du dich getraut eine Frau anzusprechen. Das zählt.

Du hast bestenfalls eine *Schlacht* verloren, aber nicht den *Krieg*.
Solche Rückschläge, wenn es überhaupt welche sind, musst du sportlich sehen.

Keine anständige, halbwegs intelligente Frau wird dich nach einer netten, witzigen und charmanten Anmache auslachen.
Im Gegenteil. Sie wird geschmeichelt sein, das ein Mann Sie angesprochen hat.

Frauen brauchen diese Bestätigung. Wir Männer freuen uns natürlich auch darüber.

Solltest du allerdings eine Frau auf *plumpe* Art ansprechen, kann es natürlich sein, dass Sie darüber lacht.
Im schlimmsten Fall lacht Sie dich vielleicht sogar aus. Aber keine Panik.
Wenn du meine Ratschläge an dieser Stelle verinnerlicht hast, liegt die Wahrscheinlichkeit im Promillebereich. Darum ist es sehr sehr wichtig, immer auf *Stil* und *Etikette* zuachten.
Aber das mit dem *Stil* und der *Etikette* hast du wohl inzwischen gelernt.

Etwas zum Thema: Schüchternheit

Es gibt Männer, die sind schüchtern und tragen außerdem noch einen gefüllten Rucksack mit Komplexen auf ihren Schultern.

Wenn du dich auch so siehst oder dich so fühlst, öffne deinen Rucksack, werfe die Komplexe über Bord und fülle deinen Rucksack mit ganz viel Selbstbewusstsein. Es ist gar nicht so schwer.

Ich habe dir bereits einige Tipps für mehr Selbstbewusstsein gegeben.

Wie bereits geschrieben. Du bist auf der Jagd.

Du bist im Fokus des Geschehens. Wir analysieren jetzt mal ganz locker, woran es vielleicht bei dir mit dem Selbstbewusstsein hapert könnte.

Du hälst dich für eine Mischung aus Mork vom Ork, Donald Duck und einem ekelig, eitrig und glibberig ausgedrückten Pickel?

Das ist die völlig falsche Einstellung mein Freund.

Jeder Mensch definiert Schönheit anderes und sie liegt auch immer im Auge des Betrachters.

Einer Frau geht es beim Blick in die Augen des Mannes nicht immer um Schönheit. Natürlich zählt der erste Eindruck. Keine Frage.

Aber die Schlüsselworte heißen: *Gepflegt* und *Stil*

Gehe einfach mal mit offenen Augen und wachem Geist durch die Stadt.
Du wirst eine Vielzahl von Männer entdekken, die nicht gerade umwerfend aussehen.

Trotzdem haben diese Männer tolle Frauen an ihrer Seite.
Echte *Fahrgestelle* nach denen du dich vielleicht zwei oder sogar dreimal umdrehen würdest.

Blättere einfach mal die bunten Illustrierten durch. In diesen Blättern findest du zum Teil abgehalfterte *Popstars* und *Filmschauspieler*, die echte Hingucker an ihrer Seite haben. Wow. Coole Nummer, zugegeben.

Natürlich spielt bei der Klientel auch das Geld und der Ruhm eine Rolle, aber das ist nicht wirklich alles.
Das darf dich auch nicht einschüchtern.

Graue Schläfen könne durchaus attraktiv aussehen, um an dieser Stelle auch mal die reiferen Männer unter uns ansprechen.
Du kannst dein graumeliertes Haar mit Stolz und Selbstbewusstsein tragen.
Das wirkt auf viele Frauen extrem sexy.

Es gibt schließlich auch einige junge Frauen, die reifere und interessante Männer attraktiv finden.

Ob Glatze oder graue Haare. Es ist egal. Wir können schließlich nicht alle *gleich* aussehen.

Jeder Frau steht in der Regel auf einen anderen Männertyp.
Natürlich bestimmen auch hier die Ausnahmen die Regel.
Bratt Pitt finden irgendwie alle Frauen toll.
Sehr merkwürdig.

Die Frau, die auf deinen Typ steht, ist vielleicht nicht so leicht zu finden und wartet bestimmt nicht an der nächsten Bushaltestelle.

Kein Problem. Es gibt so viele attraktive Frauen.

Du hast im Grunde genommen die freie Auswahl. Da ist ein Flop mal ziemlich locker einkalkuliert und wirklich kein Thema.

Fürchte dich bitte nie vor einem eventuellen Korb.
Frauen haben im Prinzip nichts dagegen, von einem Mann auf nette oder lustige Weise angesprochen zu werden

Zur Erinnerung

Ich wiederhole einige grundlegende Regeln immer wieder gern. Weil ich möchte, das du diese verinnerlichst.

Das du die fundamentalen Regeln verstehst.

Der Grund weswegen du vielleicht mal einen unwiderruflichen Korb bekommen könntest, ist Vielfältig und spekulativ zugleich.

Ein paar mögliche Gründe für einen Korb

Sie liebt einen anderen oder **Sie** hat gerade eine sehr unglückliche Beziehung hinter sich.
Vielleicht wartet **Sie** auf den Märchenprinzen.
Oder **Sie** mag grundsätzlich keine Männer.

Alles ist Möglich. Denke nie über solche Dinge nach.

Es ist wirklich nur Spekulativ. Du kannst die nächsten hundert Jahre drüber nachdenken und wirst nie zu einem Ergebnis kommen. Wenn **Sie** dir den Grund nicht genannt hat. Woher sollst **du** es dann wissen. Du bist schließlich kein Gedankenleser.

Zum Ende meines Buches gebe ich dir folgende Tipps und Regeln mit auf dem Weg.

Wenn du dich zu absolut nichts aufraffen kannst. Dir gar nichts zutraust und einfach nicht die Kurve bekommst, dann solltest du dich keiner Frau zumuten.

Mal unter uns, Männer!

Wenn **du** nicht über die Brücke gehst, dann hast du wenig Chancen, auf der anderen Seite deine Traumfrau zu treffen.
Besser gesagt, die Frau, die deinen Vorstellungen entspricht.
In dieser Hinsicht sind deine Möglichkeiten begrenzt.

Selbst wenn du alle meine Regel befolgst, den Weg über die Brücke musst du alleine gehen.
Eines Tages musst du ihn gehen.
Nämlich dann, wenn du ein erfolgreicher Jäger sein willst. Wenn du das Spiel spielen willst.
Es gibt natürlich noch die Möglichkeit, sich eine nette Frau aus dem Katalog auszusuchen.

Die Frauen sind aber auch nicht komplett bescheuert.

Die suchen auch jemanden, der mit ihnen über die Brücke geht.

Es geht nicht immer darum, wer den ersten Schritt macht. Es geht darum *hellwach* und *vorbereitet* zu sein, wenn du der Frau gegenüberstehst.

Erinnere dich an meine Einleitung.

Dann ist Premiere. Dann geht der Vorhang auf.

Ich wünsche dir *Viel Erfolg* bei der Jagd und spannende Spiele